Nadine Trefzger

Die Anleitung fürs Leben

(die du nie bekommen hast)

Nadine Trefzger

DIE ANLEITUNG FÜRS LEBEN

(die du nie bekommen hast)

Bibliografische Information der Deutschen Nationalbibliothek:
Die Deutsche Nationalbibliothek verzeichnet diese Publikation in der Deutschen Nationalbibliografie;
detaillierte bibliografische Daten sind im Internet über http://dnb.dnb.de abrufbar.

Verlag: BoD · Books on Demand GmbH, Überseering 33, 22297 Hamburg, bod@bod.de

Druck: Libri Plureos GmbH, Friedensallee 273, 22763 Hamburg

ISBN: 978-3-7693-6747-8

INHALTSVERZEICHNIS

1 WOHNEN

Wohnungssuche

- **Wohnung finden:**
  - Internetseiten wie Immoscout oder homegate
  - Inserate in Lokalzeitungen
  - Anschlagbretter in Einkaufszentren oder Gemeinde nutzen
- **Bewerbung für Wohnung:**
  - Besichtigungstermin mit Vermieter vereinbaren (Email oder Telefon)
  - Anmeldeformular ausfüllen
  - Betreibungsregisterauszug beim Betreibungsamt für ca. 20.- am Wohnort verlangen

Mietvertrag

Miete

- **Schriftlicher Mietvertrag: unbedingt empfehlenswert**
- **Miete:**
  - Bruttomietzins: Nettomietzins (auch genannt «kalt») + Nebenkosten (auch «warm»)
  - monatlich im Voraus zu bezahlen
- **Nebenkosten:**
  - Heizung, Wasser, Kehrichtabfuhr, Hauswartung
  - meist als Akonto-Zahlung: geschätzter Pauschalbetrag wird im Voraus bezahlt und später folgt, je nach tatsächlichem Heiz-/Wasser-Verbrauch, definitive Nebenkostenabrechnung

- **Kaution:**
  - Hinterlegung von max. 3 Monatsmieten beim Vermieter als Sicherheit
  - für allfällige Schäden nach dem Auszug
  - wird ansonsten beim Auszug an Mieter zurückgezahlt

Schäden oder Veränderungen an der Wohnung

- **Wohnungsabnahmeprotokoll:**
  - beim Einzug mit Vermieter ausfüllen
  - vor Unterschrift: bestehende Schäden genau notieren
- **Kleinere Reparaturen:/Unterhalt**
  - Kosten unter 150.-, die selber ausgeführt werden können (z.B. Zahnputzbecher, defekter Duschschlauch) bezahlt Mieter
- **Selber verursachte Schäden:**
  - persönliche Haftpflichtversicherung kommt zum Tragen
- **Grössere Schäden:**
  - Beispiele: kaputte Heizung oder defekter Geschirrspüler
  - Vermieter informieren, Vermieter bezahlt
  - Mietreduktion verlangen, bis Mangel behoben ist
- **Veränderungen in der Wohnung:**
  - Beispiel: Zimmer streichen
  - nur nach Einwilligung durch Vermieter

Kündigung

- **Fristen:**
  - Wohnungskündigung: meist auf Ende März, Juni oder September möglich
  - Kündigungsfrist: meistens 3 Monate (im Mietvertrag angegeben), d.h. Kündigung Ende Dezember für Auszug per 31.März
- **Kündigung ausserhalb:**
  - falls Nachmieter Vertrag übernehmen will
  - bei Einverständnis des Vermieters

- **Kündigung durch Vermieter:**
  - mit amtlichem Formular
  - Mieter hat 30 Tage Zeit, sich dagegen zu wehren
- **Wohnungsrückgabe:**
  - gut gereinigt
  - bei Reinigung durch Putzinstitut: unbedingt Abgabegarantie vereinbaren
  - vor Unterschrift: Abnahmeprotokoll: genau durchlesen, ggf. Experte vom Mieterverband anfragen

Eigene Wohnung

- **Hausordnung:**
  - oft Bestandteil des Mietvertrages
  - grundsätzlich müssen sich Mieter daran halten
  - veraltete oder unverhältnismässige Regeln ignorieren (z.B. kein Besuch am Sonntag)
- **Grundsätzliche Richtlinien:**
  - <u>Lärm</u>: Nachtruhe ab 22 Uhr sollte eingehalten werden
  - <u>Grillieren</u>: einige Hausordnungen verbieten es, ansonsten mit Nachbarn absprechen
  - <u>Haustiere</u>: Katzen- oder Hundehaltung nur bei Zustimmung durch Verwaltung, Kleintiere wie Hamster, Vögel oder Fische sind erlaubt
  - <u>Musik</u> machen/hören: Instrumente spielen oder Musik hören kann nicht verboten, aber zeitlich eingeschränkt werden
  - <u>Waschen</u>: an festgelegtem Tag oder nach Absprache
  - Treppenhaus reinigen, Schnee räumen: Hauswart oder Mieter

Anmeldung/Abmeldung Gemeinde

- **Abmeldung:**
  - nach Wegzug bei alter Gemeinde abmelden
  - häufig online möglich
- **Anmeldung:**
  - innerhalb von 2 Wochen bei Einwohnerkontrolle der neuen Wohngemeinde anmelden
  - Heimatschein der früheren Wohngemeinde vorweisen
  - teilweise Krankenkassenkarte vorweisen

Serafe (Erhebung Radio-/TV-Empfangsgebühren)

- **Obligatorisch:** seit 2024 für alle Haushalte der Schweiz, unabhängig von Verwendung/ Besitz eines Radios, TV's oder PC's
- **Jahresgebühr:** Fr. 335.- (schrittweise Senkung auf 300.- bis 2029)

Stromverbrauch senken

- **Küche:**
  - Pfanne zudecken
  - Backofen ohne Vorheizen verwenden
  - Geschirrspüler mit Eco-Programm über Nacht laufen lassen
  - aufzutauende Lebensmittel in Kühlschrank legen
- **Wäsche waschen:**
  - bei 30 oder 40 Grad (Eco)
  - ausreichend hohe Schleuderzahl
  - ausreichend gefüllte Waschmaschine
  - Wäsche im Freien oder auf Ständer trocknen
- **Räume:**
  - Heizung auf 20 Grad stellen, dafür wärmer anziehen
  - Stromsparleuchten/LEDs einsetzen

- Multisteckerstromleisten zum kompletten Ausschalten von elektronischen Geräten (PC, TV, Monitor..)

Richtig waschen

- **Vorbereitung:**
    - Kleider nach farbig und weiss sortieren
    - weisse Kleider zwingend separat waschen, ggf. Antifärbetuch in Trommel geben
    - Reissverschlüsse schliessen, empfindliche Stoffe von aussen nach innen drehen
    - BH's und empfindliche Kleidung in Wäschesack
    - neue Kleider vor erstem Tragen waschen
    - neuere, dunkle Kleider färben eher auf andere Wäsche ab, daher getrennt waschen
- **Symbole auf Kleidungs-Etiketten beachten:**

    - <u>Wäschezuber</u>: Zahl zeigt maximale Waschtemperatur, Hand: nur Handwäsche, Strich darunter: empfindliche Kleidung, nicht schleudern
    - <u>Dreieck</u>: Bleichen
    - <u>Quadrat mit einem Kreis</u>: Trockner/Tumbler, ein Punkt darin: schonend trocknen, zwei Punkte: normal trocknen
    - <u>Bügeleisen</u>: je mehr Punkte darin, desto höher darf Temperatur sein
    - <u>Kreis</u>: chemische Reinigung
- **Temperatur:**
    - übliche normale Verschmutzungen: 40°
    - Bettwäsche, Handtücher oder stark verschmutzte Wäsche: 60°
    - je tiefer Temperatur, desto geringer Stromverbrauch
- **Menge der Beladung:**
    - Faustregel: mind. Handbreit zwischen Wäscheberg und oberem Trommelrand

- **Waschmittel:**
  - flüssiges oder Pulverwaschmittel oder Tabs
  - <u>Universalwaschmittel</u> enthält leichte Bleiche und ist eher für weisse/helle Kleidung
  - <u>Colorwaschmittel</u> ohne Bleichmittel für farbige Kleidung
  - in obere Waschmittelschublade «II» oder in Dosierkugel direkt in Wäschetrommel

Putzen

- **Einige Grundregeln:**
  - generell von oben nach unten
  - zuerst Flächen mit Lappen oder Wedel abstauben (von oben nach unten), danach Staubsaugen, am Ende feucht wischen
  - nur in eine Richtung wischen und nicht hin und her, um den Schmutz nicht nur zu verteilen
  - je nach Raum verschieden farbige Putzlappen/Schwämme verwenden (kein Mischen von Küche und Badezimmer/WC)
  - Stosslüften: Mehrmals täglich mehrere Minuten lang alle Fenster öffnen um Schimmelbildung vorzubeugen
  - Verunreinigungen (z.B. nach dem Kochen) sofort putzen
  - Gegenstände nach Gebrauch wieder an Ursprungsort zurückstellen
- **Fenster/Spiegel:**
  - einige Tropfen Spülglanz im Wischwasser verhindert Schlieren, trocken reiben
  - Spiegel nicht mit Glasreiniger reinigen (bildet rostartige Flecken am Rand)

- **Küche:**
  - alle Arbeitsflächen täglich abwischen, bei Bedarf auch Fronten
  - <u>Armaturen</u> und Lavabo bei Bedarf mit Antikalkspray behandeln
  - <u>Fettverschmutzung</u>: Spülmittel in Wasser oder Fettlösespray, Dampfabzugsfilter

einlegen und bei Eignung in Spülmaschine
- **Kühlschrank**: je nach Verschmutzung ausräumen, auswischen und trocknen
- **Backofen und Mikrowelle**: Schale mit Zitronenwasser erhitzen, um Fett zu lösen, Backofen-Spray für Verkrustungen

- **Badezimmer:**
  - **Armaturen** und Lavabo bei Bedarf mit Antikalkspray behandeln
  - **WC**-Ente unter Toilettenrand geben und einwirken lassen, dann mit WC-Bürste nachputzen
  - **Toilette** immer mit separatem, kochfestem Lappen putzen
  - **Badewanne/Dusche** mit Schwamm abreiben und trocknen
  - **Glasflächen** von Duschen nach dem Duschen mit Abziehlippe trocknen

Abfallentsorgung/Recycling

- **Haushaltsabfall**: kostenpflichtige Gebührensäcke oder aufgeklebte Abfallmarken von Wohngemeinde
- **Sammlungszeitpunkte** und Entsorgungsstellen: je nach Gemeinde unterschiedlich, Hinweise auf Gemeinde-Website beachten
- **Kunststoff**: gebührenpflichtige Säcke oder Marken
- **Grünabfälle**: grüne Tonne oder Gemeindesammelstelle
- **Papier**: Sammlung und Bündelung von Zeitungen (ohne Plastik), Prospekte, Bücher ohne Einband
- **Karton**: Kartonschachteln, Waschmittelboxen und Papiertragetaschen
- **Aluminium**: Dosen, Tuben, Joghurtdeckel
- **Akkus und Batterien:** Rückgabe in Einkaufsläden oder Gemeindesammelstelle
- **Elektronische und elektrische Geräte:** Verkaufsstellen oder Gemeindesammelstelle, Reparatur in Repair Cafe
- **Glas**: nach Farben getrennt in Recyclingcontainer, keine Glühbirnen oder Leuchtstoffröhren
- **Kleider/Schuhe:** noch brauchbare Textilien, Bettwäsche, Stofftiere in Texaid-Container
- **PET-Flaschen**: Einkaufsläden, Sammelstellen

2 KARRIERE

Nach der Schule

- **Obligatorische Schulzeit:**
    - Primar- und Sekundarstufe I
    - dauert in den meisten Kantonen mit Kindergarten 11 Jahre
- **Berufswahl:**
    - während letzten zwei Schuljahren
    - Schnuppern in mehreren Wunschjobs, um Einblick in angestrebte Berufe zu erhalten
    - Berufsberatung und Internet für Informationen verwenden
- **Brückenangebote:**
    - bei Fehlen eines Ausbildungsplatzes oder unklarer Berufswahl
    - als Vorbereitung bei Berufswunsch in Gesundheitsbranche oder Kunst
    - Sprachschule, Auslandaufenthalt oder Praktikum

Sekundarstufe II

- **Lehre (berufliche Grundbildung):**
    - meist abwechselnd Praxis im Lehrbetrieb und Theorie an Berufsschule
    - Abschluss EFZ (eidg. Fähigkeitszeugnis) nach 3 oder 4jähriger Ausbildung
    - Berufsmaturität: optional berufsbegleitend während oder nach der Lehre, für
    - EBA (eidg. Berufsattest) nach 2jähriger Ausbildung
- **Fachmittelschule (FMS):**
    - Bedingung: je nach Kanton unterschiedlich, üblicherweise gute Noten während obligatorischer Schulzeit
    - vertiefte Allgemeinbildung und Wahlfächer für gewünschtes Berufsfeld (Gesundheit, Soziale Arbeit, Gestaltung/Kunst, Pädagogik, Musik/Theater)
    - Abschluss: Fachmittelschulausweis nach 3 Jahren, Fachmaturität nach 4 Jahren

- Vorbereitung für gewisse höheren Fachschulen (HF) oder Bachelor an Fachhochschulen (FH)
- **Gymnasiale Maturitätsschule oder Kantonsschule:**
  - Bedingung: meistens Abschluss auf hoher Schulstufe mit guten Noten
  - Vorbereitung auf Studium an Universität, Fachhochschule (FH) oder pädagogischer Hochschule
  - Abschluss: gymnasiale Maturität nach 3 – 5 Jahren (je nach Kanton)
- **Passerelle:**
  - nach Fach- oder Berufsmaturität können Vorbereitungskurse für Zulassung zur Universität nötig sein

Tertiärstufe

- **Höhere Fachschule (HF):**
  - Bedingung: meistens EFZ, Berufserfahrung
  - vertiefende Bildung zur Übernahme von Leitungsfunktionen oder hoher Verantwortung im betreffenden Berufsfeld oder für bestimmte Spezialisierungen
- **Fachhochschule (FH):**
  - Bedingung: EFZ mit Berufsmaturität oder Fachmaturität
  - Wissenschaftliche Fachausbildung mit Praxisorientierung
  - Abschluss: Bachelor FH nach 6 Semestern
  - Master FH: nach weiteren 3 – 4 Semestern

- **Universitäre Hochschule:**
  - Bedingung: gymnasiale Maturität, Fachmaturität mit Passerelle oder Berufsmaturität mit Passerelle
  - Wissenschaftliche Grundlage und Vorbedingung für Spezialisierung
  - Abschluss: Bachelor UH nach 6 Semestern
  - Master UH: nach weiteren 3 – 4 Semestern, in Humanmedizin: 6 Semester

Bewerben

- **Unterlagen:** elektronisch oder per Post einreichen
- **Genügende Anzahl:** unbedingt bei mehreren Firmen gleichzeitig bewerben
- **Bewerbungsliste in Excel anlegen:** um Überblick zu behalten

Anschreiben

- **Do's and Dont's:**
☺ Individuell auf Stelle anpassen
☺ Argumente warum der Job passt
☺ vertiefende Darstellung der Persönlichkeit und beruflicher Kompetenzen
☺ maximal eine Seite
☹ Mustervorlagen verwenden
☹ Standardsätze gebrauchen
☹ langweilige Wiederholung des Lebenslaufs
- **Inhalt:**
  - Absender
  - Titel: Bewerbung als... (Stellenbezeichnung im Inserat)
  - Anrede: persönlich an zuständige Person oder allgemein
  - Einleitung: Warum diese Bewerbung? Was hat angesprochen? Warum ideale/r Kandidat/in für Stelle?
  - Hauptteil: Kompetenzen und Erfahrungen
  - Motivation: Vorzüge der Persönlichkeit für diesen Job und das Unternehmen
  - Abschluss: Freude ausdrücken, zu einem Gespräch eingeladen zu werden

Lebenslauf (CV)

- **Darstellung:**
  - übersichtlich und schlicht
  - höchstens 2 Seiten
  - evt. kostenlose Vorlagen verwenden
- **Inhalt:**
  - persönliche Angaben und Kontaktdaten

- Schule, Ausbildung, Studium in anti-chronologischer Reihenfolge (Aktuelles zuerst)
- Praxiserfahrung, Berufserfahrung in anti-chronologischer Reihenfolge
- Zusatzqualifikationen, Weiterbildungen
- Interessen, Hobbies

Arbeitszeugnisse/letztes Schulzeugnis

- **Berufsneulinge:**
  - Letztes Schulzeugnis
  - Hochschulabschluss mit Noten
- **Lehrabgänger:**
  - Letztes Schulzeugnis
  - Ausbildungszeugnis/EFZ/EBA-Nachweis
- **Arbeitszeugnisse:**
  - zwingend senden
  - mind. letzte drei Arbeitszeugnisse
  - bei Bedeutung für Stelle auch frühere
- **Sinnvoller Bezug zur Stelle:**
  - Weiterbildungszeugnisse
  - zusätzliche Diplome oder Zertifikate

Vorstellungsgespräch

- **Vorbereitung:**
  - Website der Firma anschauen
  - Stelleninserat nochmals durchsehen
  - Antworten auf klassische Fragen überlegen: «Warum möchten Sie bei uns arbeiten?», «Was qualifiziert Sie für diese Position?», «Weshalb möchten Sie die aktuelle Selle wechseln?»
  - einige Fragen an das Unternehmen notieren

- **Begrüssung:**
  - pünktlich erscheinen
  - lieber etwas zu formell gekleidet
  - freundlich und authentisch geben und auf anfänglichen Smalltalk zur Auflockerung positiv reagieren
- **Ablauf:**
  - meist kurze Vorstellung des Unternehmens
  - kurze Vorstellung der/des Kandidatin/en: beruflicher Hintergrund, was in bisheriger Karriere erreicht wurde
  - gezielte Fragen des Recruiters an Kandidat/in
  - evt. Klärung von Verfügbarkeit und Lohnvorstellungen
  - Fragen der/des Kandidatin/en, z.B. zu Aufgaben, Einarbeitung oder Teamzusammensetzung
- **Verabschiedung:**
  - bei gutem Eindruck unbedingt positive Rückmeldung geben
  - bedanken
  - fragen, wann mit Antwort gerechnet werden kann

Arbeitsvertrag

- **Arbeitsvertrag:**
  - schriftlich von beiden Seiten unterschrieben
  - beinhaltet Rechte und Pflichten beider Parteien
- **Inhalt:**
  - Name Arbeitnehmer (Angestellter) und Arbeitgeber
  - Datum des Arbeitsbeginns
  - Funktion
  - Lohn
  - wöchentliche Arbeitszeit
  - evt. weitere besondere Bedingungen (Überzeitregelung, Boni, Homeoffice)

- **Lohn:**
  - kein gesetzlicher Mindestlohn in der Schweiz
  - in einigen Branchen Gesamtarbeitsverträge (GAVs), welche Mindestlöhne empfehlen
  - bei Verhandlung immer mit erhöhter Wunschvorstellung einsteigen
- **Probezeit:**
  - meistens 1 Monat
  - beidseitige Kündigung innert 7 Tagen möglich
- **Homeoffice:**
  - kein gesetzlicher Anspruch
  - Umfang wird bei Bedarf vom Arbeitgeber festgelegt, z.B. Maximalpensum von 20%
  - je nach Arbeitgeber wird kleiner Betrag an Infrastruktur oder Internetkosten vergütet

Lohn

Brutto/netto

- **Bruttolohn:**
  - im Arbeitsvertrag festgelegt
- **Ausbezahlter Lohn (Nettolohn):**
  - geringer, da gesetzlich vorgeschriebene Abzüge (Sozialversicherungen, Unfallversicherung, Berufsvorsorge) vom Bruttolohn abgezogen werden

Lohnzusätze

- **13. Monatslohn:**
  - nicht gesetzlich vorgeschriebener zusätzlicher Lohnbestandteil für geleistete Arbeit von einem Jahr
  - nicht an bestimmte Bedingungen geknüpft
  - wird meist Ende Jahr ausbezahlt

- **Bonus:**
  - Begriff nicht klar definiert
  - möglich als freiwillige Gratifikation oder als variabler Lohnbestandteil
  - idealerweise wird Definition im Arbeitsvertrag oder Reglement festgelegt und klare Bedingungen beschrieben

Lohnausweis

- **Pflicht:**
  - Arbeitgeber muss mindestens per Ende Jahr Lohnausweis ausstellen
  - nötig für Steuererklärung

Kündigung

- **Kündigungsfrist:** im Arbeitsvertrag aufgeführt
- **Übliche Fristen:**
  - während Probezeit: 7 Tage
  - im 1. Arbeitsjahr: 1 Monat, jeweils auf Ende des Monats
  - 2. – 9. Arbeitsjahr: 2 Monate
  - ab 10. Arbeitsjahr: 3 Monate
- **Sperrfrist:**
  - bei Krankheit oder Unfall darf Arbeitgeber nicht kündigen
  - 30 Tage im 1. Arbeitsjahr
  - 90 Tage vom 2.-5. Arbeitsjahr
  - 180 Tage ab dem 6. Arbeitsjahr
- **Bei Schwangerschaft und 16 Wochen nach Geburt:**
  - Arbeitgeber darf nicht kündigen

Arbeitszeugnis

- **Arten:** Arbeitgeber ist verpflichtet Arbeitszeugnis in Form einer Arbeitsbestätigung oder eines ausführlichen Zeugnisses auszustellen

- **Inhalt ausführliches Zeugnis:**
    - Dauer Arbeitsverhältnis von...bis... und Stellenprozente
    - Funktion und ausgeübte Tätigkeiten
    - Beurteilung und Qualität der Arbeit
    - Beurteilung des Verhaltens
    - Grund für Arbeitszeugnis
    - wohlwollende Beurteilung
    - bei Unwahrheiten oder Fehlern kann Korrektur verlangt werden

Selbständigkeit

- **Businessplan erstellen:** Kosten für Gründung budgetieren
- **AHV-Ausgleichskasse:** Anmeldung bei kantonaler Sozialversicherungsanstalt (SVA)
- **MwSt-Pflicht** abklären (bei mehr als 100'000 Fr. Umsatz/Jahr)
- **Handelsregisteramt:** Anmeldung beim kantonalen Amt (ausser Einzelunternehmen)
- **Zu beachten:** Selbständig Erwerbstätige müssen sich selber um 2. und 3. Säule für Vorsorge, Lohnausfallversicherung, Berufs- und Nichtberufsunfall und Arbeitslosenversicherung kümmern

Arbeitslosigkeit

- **Vorbedingung:**
    - in letzten 2 Jahren mind. 12 Monate Beiträge als Arbeitnehmer gezahlt
    - oder Ausbildung absolviert
- **RAV** (=regionales Arbeitsvermittlungszentrum) und bei Arbeitslosenkasse anmelden
- **Arbeitslosengeld:**
    - 70 % (in gewissen Fällen 80 %) des durchschnittlichen Lohns der letzten 6 oder 12 Monate
- **Auszahlungsdauer des Taggeldes:**
    - abhängig von Alter und geleisteten Beitragszeiten
    - zwischen 200 und 520 Tagen

3 GELD UND FINANZEN

Umgang mit Geld

Budget

- **Ziel:**
  - Überblick über finanzielle Ein- und Ausgaben erhalten
  - Möglichkeiten erkennen, wo oder wie Geld gespart werden kann.
  - Aufzeigen, ob geplante Investition (z.B. Kauf eines neuen Sofas) finanziell vertretbar
- **Komponenten:**
  - Einkünfte: Lohn, Nebenverdienst, allenfalls 13. Monatslohn
  - bei Ausgaben gibt es Fixkosten: Mietzins inklusive Nebenkosten, Internet, Handy, TV, Stromkosten, Steuern, Versicherungen, Verkehrsabgaben, Autokosten, Abonnemente, Vereinsbeiträge und allfällige Kreditrückzahlungen.
  - variable Kosten können von Monat zu Monat schwanken: persönliche Ausgaben für Kleider, Freizeit, Hygiene, Rückstellungen für Anschaffungen oder medizinische Kosten, Ferien oder Sparkontoeinzahlungen
- **Konsequenzen:**
  - Einnahmen höher als Ausgaben
  - Übersteigen Ausgaben die Einnahmen, hilft Budgetaufstellung
  - monatliche Miete nicht mehr als ein Drittel des Netto-Lohns
  - bei Anhäufung von Schulden oder regelmässigem Überziehen des Bankkontos an Schuldenberatungsstelle wenden

Schulden

- **Schuldenberatungsstelle:** wenn offene Rechnungen nicht mehr bezahlt werden können
- **Gläubiger:** Personen und Firmen denen Geld geschuldet wird

- **Schuldner:** Person, die Geld schuldet
- **Abzahlungsvereinbarung:**
  - Kontakt mit Gläubiger aufnehmen, um zu vereinbaren, in welchen Raten Schulden innerhalb von 3 Jahren abgezahlt werden können
  - Während Vereinbarung darf Gläubiger nicht mehr betreiben

Betreibungen

- **Zweck:**
  - bei offenen Rechnungen zunächst Mahnung als Zahlungserinnerung
  - nach zwei- oder dreimaliger erfolgloser Mahnung folgt Betreibung

- **Betreibungsbegehren:**
  - Gläubiger fordert eine offene Geldforderung beim Wohnort des Schuldners ein
  - Schuldner erhält durch Betreibungsamt persönlichen Zahlungsbefehl
- **Rechtsvorschlag:**
  - Schuld kann innert 10 Tagen bestritten werden
  - Fall muss dann gerichtlich abgehandelt werden
- **Betreibung auf Pfändung:**
  - Betreibungsbeamte können Pfändung von Vermögen oder Einkommen vornehmen
  - Lohnpfändung: Arbeitgeber muss Teil des Lohns des Schuldners direkt an das Betreibungsamt überweisen
  - Vermögenspfändung: Beschlagnahmung von Wertgegenständen wie PC, TV, Videokonsole zur Versteigerung

Bank

Konto eröffnen

- **Kontoeröffnung:**
    - meist kostenlos
    - amtlicher Ausweis wird zwingend benötigt
- **Online Kontoeröffnung:**
    - Identifizierung mit Kamera und Ausweis am Handy oder PC über Videocall mit Bankmitarbeiter
- **Kontoführungsgebühren:**
    - je nach Bank und Kontoart verschieden
    - vorgängiger Vergleich von Gebühren und Zinsen lohnt sich

Konto-Arten

- **Privatkonto:**
    - oftmals Lohnkonto
    - zum Zahlen von Rechnungen (Zahlungsverkehr über e-Banking-Zugang)
    - keine bis geringe Zinsen (kein Sparkonto)
- **Sparkonto:**
    - für längerfristigen Vermögensaufbau
    - Zinsen sind meist gering höher als beim Privatkonto
    - nicht für Zahlungsverkehr
    - beschränkte Bargeldbezüge
- **Ausbildungs-/Studentenkonti:**
    - oft ohne Kontoführungsgebühren
    - Vergünstigungen für gewisse Veranstaltungen oder andere Rabatte

Kredit/Debitkarte

- **Debitkarte:**
    - bargeldloses Zahlungsmittel für Einkauf im Laden oder online
    - belastet Betrag direkt dem Bankkonto

- **Kreditkarte:**
  - bekannteste sind Mastercard, Visa und American Express
  - meist Jahresgebühr für Karte und Kosten für Bargeldbezug vom Bankomaten
  - Kunden wird jeden Monat ein Kredit in festgelegter Maximalhöhe gewährt
  - Schuldengefahr: im nächsten Monat muss geschuldeter Betrag komplett oder in Raten zurückbezahlt werden
  - Zinsen: es muss effektiv etwas mehr zurückbezahlt werden, als Einkauf gekostet hat
- **Prepaid-Kreditkarten:**
  - Aufladen mit Guthaben für Einkäufe
  - keine Gefahr von Schuldenanhäufung

Bank wechseln

- **Saldierung:** Bankkonto kündigen
- **Schriftliche Saldierung ist notwendig:**
  - Saldierungstermin per (..Datum..)
  - betrifft Bankkonto (..Nr. ..)
  - Guthaben bitte auf das neue Konto (..Nr. ..) mit IBAN (..Nr. ..) überweisen und Kündigung bestätigen

Geld sparen

- **Sparkonto:**
  - nicht für Zahlungsverkehr, sondern zum Sparen
  - Zins ist etwas höher als auf Privatkonto
  - meistens eingeschränkte Rückzugsbedingungen (z.B. max. 20'000/Jahr abheben)
  - Sparkonti nur bedingt zum Sparen geeignet, da Zinssätze von Bank jederzeit angepasst werden können und eher tief sind
  - gewissen Geldbetrag monatlich automatisch auf separates Konto überweisen
- **Budget erstellen:**
  - monatliches Ausgabenlimit erkennen
  - diverse Apps für diesen Zweck (z.B. Haushaltsbuch: Money Manager)

- **Keine Spontankäufe:**
  - Anschaffungen über 50 oder 100.- auf Zettel schreiben und in Schublade legen
  - Nach 2 Wochen überlegen, ob Artikel wirklich benötigt wird und ob genügend Geld dafür vorhanden ist

- **Nachhaltigkeit:**
  - Secondhand Artikel können genauso gut sein
  - gebrauchte Sachen auf Auktions- oder Verkaufsportalen weiterverkaufen (z.B. Ricardo, Tutti..)
- **Online-Bestellungen aus dem Ausland sind Risiko:**
  - Zollgebühren: zwischen 10 und 70 Franken, je nach Gewicht und Inhalt
- **Aktionsangebote im Supermarkt:**
  - Vorräte in Grosspackungen kaufen
  - Vor Ladenschluss gibt es viele Lebensmittel aufgrund des Verfalldatums günstiger
  - dennoch auf Preis achten, da teilweise reine Lockangebote ohne tatsächliche Vergünstigung
- **Ferien:** frühzeitig buchen kann günstiger sein oder Last-Minute-Angebote
- **Vergleich von Versicherunges- und Krankenkassenprämien:**
  - über www.priminfo.ch und andere unabhängige Plattformen Versicherungs- und Krankenkassen-Prämien vergleichen
  - an Kündigungsfristen denken
  - bei Bedarf jährlich wechseln
- **Säule 3a (gebundene private Vorsorge):**
  - Einzahlungsbetrag kann von Steuern abgezogen werden
  - Maximalbetrag für Angestellte 7056.-/Jahr
  - Selbständigerwerbende können bis zu 20% ihres Einkommens einzahlen
- **Zinseszinseffekt:**
  - jährliche Zinsen einer Geldanlage gleich wieder reinvestieren
  - Zinsen werden im nächsten Jahr dadurch ebenso erneut verzinst
  - Geld vermehrt sich ohne weitere Einzahlungen über die Jahre

- Wachstum verläuft in exponentieller Kurve (mit zunehmender Zeitdauer immer stärker zunehmend)
- 72er Regel: 72 /Zinssatz = Verdoppelung des Vermögens in Jahren (Annäherung)

Geldanlage

- **Ziele:**
    - hohe Rendite (=Gewinn): Vermehrung des angelegten Geldes
    - langfristige Anlage des Geldes: Investitionen sind langfristig ausgerichtet (Jahre) und nur Geld investieren, das nicht kurzfristig gebraucht wird
- **Grundlagen:**
    - Produkte mit potentiell hohen Gewinnmöglichkeiten haben gleichzeitig ein höheres Risiko eines Geldverlustes
    - Produkte nur eines einzelnen Unternehmens oder eines einzigen Landes beinhaltet höheres Risiko
    - Geduld: Geld anlegen, 10 – 20 Jahre warten. Längere Anlagedauer reduziert das Risiko.
- **Diversifizierte Anlage:**
    - investiertes Geld auf mehrere Produkte (z.B. Wertpapiere) und unterschiedlichen Branchen verteilen anstatt nur von einzelnem Unternehmen oder Sektor (z.B. Technologie, Pharma..) abhängig zu sein
    - minimiert Investitionsrisiko
- **Aktienanlagen:**
    - Geld in einzelnes Unternehmen investieren, also Anteile der Firma kaufen
    - Dividenden: Teil des Gewinns wird in Form von Dividenden ausbezahlt
    - grosse Schwankungen von Aktienkursen möglich
    - vor allem für mehrjährige Anlage
- **Obligationen (Anleihen):**
    - von Unternehmen oder Staat ausgegeben
    - etwas sicherer und auch eher für kurzfristige Anlage gedacht als Aktien
    - Gewinnmöglichkeiten geringer
    - meist mit festem Zinssatz und fixer Laufzeit

- **Immobilien: (Mit)-Eigentümer von Wohnungen/Liegenschaften:**
    - hohe Beträge erforderlich
    - für jüngere Menschen eher unattraktiv
- **Fonds:**
    - Investition in eine Vielzahl von Wertpapieren
    - Einzahlung durch verschiedene Anleger in gemeinsamen Topf
    - Verwaltung und Wertpapieranlage durch professionelle Anlageexperten
- **ETF's (exchange traded funds):**
    - Börsengehandelte Fonds, die diversifiziert in Aktien, Obligationen oder Immobilien investieren
    - eher tiefe Gebühren
    - auch geringere Beträge möglich
    - weniger Risiko und über lange Sicht doch Erzielen einer guten Rendite

- **Kryptowährungen:**
    - digitale Währungen (Bitcoin, Ethereum, Ripple)
    - hohes Risiko, da Entwicklung schlecht vorhersehbar

Kredit aufnehmen

- **Kredit: Verleih von Geld (Darlehen)**
    - zweckgebundene Kredite (z.B. Leasing eines Autos)
    - nicht zweckgebundene Privatkredite (persönliche Gegenstände, Ferien, Weiterbildung ect.)
- **Keine Überschuldung durch Kreditaufnahme:**
    - Kreditinstitut prüft Bonität (Zahlungsfähigkeit)
    - Kreditfähigkeit entscheidet über Kreditaufnahme und maximale Kredithöhe
- **Längere Laufzeit:**
    - geringere monatliche Rückzahlung
    - offener Betrag, auf den Zinskosten berechnet werden, bleibt aber länger höher

Hypotheken

- **Zweck:**
  - Wohnungs- oder Hauskauf kann selten nur mit erspartem Geld finanziert werden
  - Bank kann Darlehen in Form von Hypothek bieten
- **Hypothek:**
  - Immobilienkäufer muss mind. 20% des Kaufpreises selber finanzieren können (=Eigenkapital)
  - Bank kann Darlehen/Kredit zur Finanzierung des Rests anbieten (=Fremdkapital)
  - Immobilie dient der Bank als Sicherheit
  - Hypothekarzins: Hauskäufer zahlt der Bank als Hypothekargeber monatlich/ jährlich Zins
- **Amortisation: Rückzahlung der Hypothek**
  - <u>direkte Amortisation</u>: Schulden regelmässig um fixen Betrag reduzieren, wodurch Hypothekarzinsen sinken, dafür aber Steuern steigen
  - <u>indirekte Amortisation</u>: Schulden bleiben bestehen, Amortisationsbeitrag kann aber zum Aufbau eines 3a-Vorsorgeguthabens dienen und Hypothekarzinsen können von Steuern abgezogen werden

Steuern

Steuererklärung ausfüllen

- **Fälligkeit:**
  - jeweils per Ende März muss Steuererklärung des vergangenen letzten Jahres eingereicht werden
  - Fristerstreckung kann meist online beantragt werden
- **Online:** fast alle Kantone bieten Ausfüllen und Einreichen auch auf elektronischem Wege an
- **Tipps:**
  - hilfreiche Informationen unter www.steuern-easy.ch

- benötigte Unterlagen und Belege bereits während laufendem Jahr in Mappe sammeln
- **Nötige Unterlagen zur Angabe von Einkommen und Vermögen:**
  - Angestellte: Lohnausweis
  - Selbständige Erwerbstätige: Buchhaltung mit Ein- und Ausgaben
  - Pensionierte: Rentenbelege
  - Bank- und Postkonti: Kontoauszüge per 31.12.
  - Wertpapiere wie z.B. Aktien oder Obligationen

- **Unterlagen für die Angabe von Abzügen:**
  - 3a-Einzahlungen: Belege von Einzahlungen freiwillige Vorsorge
  - Berufskosten
  - Belege für selbstbezahlte Weiterbildungen
  - Belege für ÖV-Abonnement für Arbeitsweg
  - Krankheitskosten (Aufstellung Krankenkassenprämien und allenfalls selbst bezahlte Arztrechnungen, Medikamente)
  - Belege über geleistete Spenden
  - Wohneigentümer: Schuldzinsen, Hypothekarabrechnungen, Rechnungen für Unterhalts- und Renovationsarbeiten (solange werterhaltend und nicht wertvermehrend), Betriebs- und Verwaltungskosten, Liegenschaftssteuern, Gebäudeversicherung
- **Einkommen:** Nettolohn aus Lohnausweis im entsprechenden Feld eintragen
- **Abzüge:**
  - <u>berufsbedingte Abzüge</u> wie Fahrt zum Arbeitsort, auswärtige Verpflegung, berufliche Weiterbildungen, Arbeitskleidung oder bei Selbständigen Werkzeuge, Büroräumlichkeiten, Geschäftsauto
  - <u>Beiträge an 3. Säule oder Lebensversicherung</u>, selber bezahlte Gesundheitskosten, private Schuldzinsen, Spenden für gemeinnützige Zwecke
  - <u>Sozialabzüge</u>: Kinderabzüge, Drittbetreuungsabzüge, Abzüge für IV- und AHV-Rentner
  - <u>Pauschal-Abzüge</u>: teils pauschale statt tatsächliche Abzüge, keine Belege nötig

- **Steuerbarer Betrag:** Berechnung nach Ausfüllen von Einkommen, Vermögen (Liegenschaften, Aktien, Bargeld, Kontoguthaben, Lebensversicherungen, Kunstsammlungen) und Abzügen
- **Provisorische Rechnung:** erst wenn feststeht, wie hoch Steuern wirklich sind, wird definitive Rechnung erstellt und zu viel bezahltes Geld zurückerstattet oder zu wenig bezahltes Geld nachgefordert

Steuerarten

- **3 Ebenen:** Steuererhebung in der Schweiz durch Bund, Kanton und Gemeinde
- **Direkte Steuern:** Einkommens- und Vermögenssteuer werden direkt von den Steuerpflichtigen bezahlt
- **Indirekte Steuern:** beim Konsum oder Gebrauch von Dienstleistungen oder Waren (z.B. MWSt)

Erben

- **Erbrecht:**
    - Gesetz über Erbschaft und Erbfolge
    - regelt, wer im Todesfall des Erblassers erbt
    - wie Nachlass (=verbliebenes Vermögen/Schulden der verstorbenen Person) zwischen Erben aufgeteilt wird
- **Pflichtteil:**
    - pflichtteilgeschützte Erben sind Ehepartner/in und Nachkommen, sie bekommen mindestens die Hälfte dessen, was ihnen gemäss gesetzlicher Erbfolge zusteht (je ¼)
    - Pflichtteil kann nicht durch Testament umgangen werden
- **Freie Quote:**
    - restlicher Teil des Nachlasses kann an beliebige Person oder Organisation vermacht werden
    - muss in Testament oder Erbvertrag hinterlegt sein

- **Erbverzicht:**
    - falls unsicher, ob unbekannte Schulden vorhanden sind: öffentliches Inventar von zuständiger Behörde verlangen
    - Nachkommen können auf Erbe verzichten, z.B. bei hinterlassenen Schulden
- **Willensvollstrecker:**
    - unterstützt die Erbteilung nach dem Tod eines Menschen gemäss Testament
    - kümmert sich bis zur endgültigen Erbteilung um die finanziellen Angelegenheiten
- **Erbschaftssteuer:**
    - Ehepartner sind gesamtschweizerisch von Erbschaftssteuer befreit
    - direkte Nachkommen zahlen je nach Kanton nur wenig oder keine Erbschaftssteuer

4 VERSICHERUNGEN

Obligatorische und freiwillige

- **Obligatorische Versicherungen in der ganzen Schweiz:**
  - Krankenversicherung, Unfallversicherung
  - Autohaftpflichtversicherung
  - Sozialversicherungen (AHV, IV, EO, ALV)
  - berufliche Vorsorge (BVG)
  - Gebäudeversicherungen für Hausbesitzer in den meisten Kantonen obligatorisch
- **Freiwillige Versicherungen:**
  - Privathaftpflicht
  - Hausratversicherung
  - Kaskoversicherung für das Auto
  - Lebensversicherung
  - Rechtsschutz
  - Reiseversicherung
  - Tierversicherung

Privathaftpflicht

- **Notwendigkeit:**
  - nicht obligatorisch, aber teilweise zwingend, z.B. beim Abschliessen eines Mietvertrags
  - dringend zu empfehlen
- **Deckung:**
  - <u>Personenschäden</u>, die versehentlich einer anderen Person zugefügt wurden (z.B. Hund beisst Kind eines Nachbarn)
  - <u>Sachschäden</u> (z.B. teure Vase eines Freundes zerbrochen)

- **Ausschluss:**
  - Personen aus gleichem Haushalt
  - absichtlich verursachte Schäden

Hausrat

- **Umfang:**
  - sämtliche Sachen des Haushalts wie Möbel und Einrichtungsgegenstände, elektronische Geräte, Kleidung usw.
  - Merksatz «Hausrat»: alles was herausfällt, wenn Wohnung/Haus auf den Kopf gedreht würde
- **Deckung:**
  - Schäden durch Feuer
  - Wasser
  - Sturm
  - Hagel
  - Einbruchdiebstahl

- **Selbstbehalt:** Betrag, der selber getragen werden muss (z.B. 200.- oder 500.-), ehe Versicherung dafür aufkommt

Lebensversicherung

- **Zweck:** je nach Modell zur Absicherung der Hinterbliebenen (z.B. Kinder) oder gleichzeitig als Altersvorsorge
- **Risiko-Todesfall:**
  - stirbt versicherte Person innerhalb vereinbarter Laufzeit (z.B. Vater stirbt vor der Volljährigkeit des Kindes), wird festgelegte Summe an Begünstigte ausbezahlt
  - keine Auszahlung bei späterem Tod
- **Gemischte Lebensversicherung:**
  - Kombination aus Risiko-Todesfall-Versicherung und Sparanteil zum Vermögensaufbau

- nach Ablauf der Laufzeit wird angesparter Betrag plus Zinsen ausbezahlt
- **Lebensversicherung in der 3.Säule:**
    - Risiko-Todesfall oder gemischte Lebensversicherungen auch als gebundene Vorsorge (Säule 3a) oder freie Vorsorge (Säule 3b) möglich

Rechtsschutz

- **Deckung je nach Anbieter:**
    - Streitigkeiten mit Arbeitgeber oder Vermieter
    - Konflikte mit Versicherungen, Pensions- oder Krankenkassen
    - Schadensersatzansprüchen
    - Vertragsstreitigkeiten
    - Anwaltskosten bei Gerichtsverfahren oder bei aussergerichtlicher Einigung werden übernommen (abzüglich Selbstbehalt)

Reiseversicherung

- **Deckung:**
    - Annullierungskosten bereits gebuchter Reise
    - Kosten bei Reiseabbruch wegen Krankheit oder Unfall
    - Kosten/Ersatz von verloren gegangenem Reisegepäck
- **Leistungen:** je nach Anbieter unterschiedlich
- **Beachten:** bei Reisebuchung mit gewissen Kreditkarten ist automatisch Reiseversicherung enthalten

5 SOZIALVERSICHERUNGEN

AHV, IV, EO

- **Arbeitnehmer und Arbeitgeber:** beide zahlen je 5.125% des Bruttolohns an Ausgleichskasse
- **Obligatorisch:** gesetzlich vorgeschrieben, muss bezahlt werden
- **AHV: Alters- und Hinterlassenenversicherung**
    - soll Existenz für Familie eines Verstorbenen sicherstellen und gilt als Altersrente
    - AHV-Nr.: alle Menschen in der Schweiz haben eindeutige Sozialversicherungsnummer aus 13 Ziffern, auch auf Krankenversicherungskarte, bleibt ein Leben lang bestehen und ändert sich auch bei Heirat nicht
- **IV:** Invalidenversicherung
- **EO:** Erwerbsersatzordnung als Ersatz bei Erwerbsausfall durch Militärpflicht oder Mutterschaft

Arbeitslosenversicherung ALV

- **Voraussetzungen:**
    - Person, die in letzten 2 Jahren vor Arbeitslosigkeit mind. 12 Monate angestellt gewesen ist
    - raschmöglichst beim regionalen Arbeitsvermittlungszentrum (RAV) anmelden
    - Arbeitslosenkasse auswählen, die monatlichen Betrag auszahlen wird
- **Arbeitslosengeld:**
    - üblicherweise 70% des durchschnittlichen Lohns der letzten 6 oder 12 Monate
    - Geringverdiener mit Kindern unter 25 Jahren oder Invaliditätsgrad von mind. 40%: 80% des versicherten Lohns
    - Selbstständig Erwerbende: nicht gegen Arbeitslosigkeit versichert

Drei Säulen

- **1. Säule: staatliche Vorsorge (AHV):**
    - für minimales Einkommen im Rentenalter
    - Solidaritätsprinzip: berufstätige Bevölkerung finanziert die Renten der Pensionierten
    - Hinterlassenenversicherung hilft, falls Ehepartner/in oder Eltern(teil) sterben sollte
- **2. Säule: obligatorische berufliche Vorsorge (auch BVG oder Pensionskasse):**
    - Ergänzung zur 1.Säule, für angemessene Rente
    - zusammen mit 1. Säule: Rente von etwa 60% des Einkommens vor der Pensionierung
    - bei selbständig Erwerbenden freiwillig
- **3. Säule: berufliche private Vorsorge:**
    - zusätzliche finanzielle Ergänzung für das Rentenalter
    - freiwillig, aber sinnvoll und empfehlenswert
    - <u>Säule 3a (gebundene Vorsorge)</u>: Angestellte können jährlichen Maximalbetrag von 7056.- auf ein 3a-Konto bei Bank oder Versicherung einzahlen, höhere Zinsen als auf einem Sparkonto, jährliche Einzahlung kann von Steuern abgezogen werden, bei Auszahlung wird einmalige pauschale Steuer fällig
    - <u>Säule 3b (ungebundene Vorsorge)</u>: jährliche Einzahlung in beliebiger Höhe auf Sparkonto oder Lebensversicherung, jährliche Versteuerung des Guthabens, dafür keine zusätzlichen Steuern bei Auszahlung

6 GESUNDHEIT

Krankenkasse

- **Obligatorisch:** in ganzer Schweiz
- **Leistungen der Grundversicherung (KVG)** bei allen Kassen identisch
- **Prämie:** monatlicher Betrag zugunsten der Krankenversicherung

Modelle

- **Prämiensparen:** alternative Versicherungsmodelle bringen Prämienrabatte und jährliche Prämienvergleiche (priminfo.ch) lohnen sich
- **Telemedizin:** Patient muss vor Arztbesuch oder Überweisung an Spezialisten medizinische Beratungsnummer anrufen, um Vorgehen zu besprechen
- **Hausarztmodell/HMO-Modell:** Aufsuchen des Hausarztes oder Gruppenpraxis, um allfällige Überweisung an Facharzt zu koordinieren
- **Missachtung der Regeln:** Kostenübernahme kann abgelehnt werden
- **Notfälle, Augen- und Frauenarzt** sind von dieser Regel ausgeschlossen

Franchise, Selbstbehalt

- **Franchise:** Anteil der Kosten (Arztbesuche, Spitalaufenthalte, Medikamente), die Patient ab Beginn des laufenden Jahres selbst tragen muss, ehe Versicherung zum Tragen kommt
- **Höhe:**
  - Franchise kann stufenweise zwischen 300 und 2500.- gewählt werden
  - höhere Franchise: tiefere Prämien, jedoch müssen höhere Kosten selber getragen werden
- **Faustregel:**
  - zu erwartende jährliche Arzt-Kosten über 2000.- -> tiefste Franchise von 300.- , bei geringeren Kosten -> höchste Franchise

- gesunde Personen sparen mit höchster Franchise Prämien, für den Fall einer Erkrankung sollten sie aber dennoch 3200.- (2500.- Franchise + 700.- Selbstbehalt) zur Seite gelegt haben
- **Selbstbehalt:**
    - übersteigen medizinische Kosten den Betrag der Franchise, werden Kosten zu 90% von Krankenkasse übernommen
    - Patient trägt noch 10 % der Kosten selber
    - jährlicher Höchstbetrag des Selbstbehalts auf 700.- begrenzt

Wechsel, Prämienvergleiche

- **Freie Wahl des Krankenkassenanbieters,** Kündigung jeweils auf Ende Jahr möglich
- **Kündigungsschreiben** muss bis spätestens 30. November bei Krankenkasse eintreffen
- **Prämienvergleiche:** z.B. über Plattform priminfo.ch (nach Bekanntgabe Prämien für neues Jahr)

Prämienverbilligung

- **Anspruch:** Personen/Familien mit geringem Einkommen
- **Kantonale Bedingungen:** Anspruch und Höhe der Verbilligungen unterschiedlich
- **Beantragen:** bei zuständiger Stelle des Kantons (meistens Sozialversicherungsamt/ Ausgleichskasse oder Gesundheitsamt) Antrag einreichen

Zusatzversicherung

- **Freiwillige ergänzende Leistungen:** z.B. für private Spitalaufenthalte, Zahnarztkosten, Brillen, Medikamente
- **Leistungen:** bei allen Krankenkassen unterschiedlich
- **Ablehnung:** Aufnahme kann ohne Begründung durch Krankenkasse verweigert werden

Unfallversicherung

- **Berufsunfall:** Arbeitgeber müssen Mitarbeiter, die mind. 8 Std. pro Woche arbeiten, versichern

- **Nichtberufsunfälle (NBU)** sind bei weniger als 8 Wochenstunden nicht zwingend abgedeckt
- **bei vollständiger Unfallversicherung durch Arbeitgeber:** Unfall bei Krankenversicherung ausschliessen um Prämie leicht zu reduzieren

Arztbesuch

Termin beim Arzt

- **Vorbereitung:** Symptome und Fragen notieren
  - Art und Beginn der Beschwerden
  - allfällige Behandlungsversuche
- **Krankenkassenkarte:** mitbringen und am Empfang vorweisen

Rezept einlösen

- **Ablauf:** Arzt stellt für Patient Rezept aus, womit Patient in Apotheke geht und mit Krankenkassenkarte verordnete Medikamente erhält
- **Abrechnung:** je nach Krankenkassenmodell direkt über Kasse oder Patient bezahlt Medikament und sendet Rezept mit Kassenbeleg an Krankenkasse, um die Kosten erstatten zu lassen
- **Online-Apotheken:** z.B. Zurrose.ch, Rezept kann digital oder per Post übermittelt werden, um verschriebene Medikamente zu erhalten

Arztrechnung bezahlen

- **Arztabrechnung über «tiers garant»:**
  - Arzt sendet Rechnung an Patienten
  - Patient überweist Betrag mit QR an Arzt und schickt Rückforderungsbeleg an Krankenkasse
  - Krankenkasse erstattet Betrag an Patient zurück, abzüglich Franchise und Selbstbehalt
  - Zahnarztkosten nur bei entsprechender Zusatzversicherung

- Abrechnung über «tiers payant»:
  - Arzt sendet Rechnung an Krankenkasse
  - Krankenkasse bezahlt Arzt und verrechnet Franchise und Selbstbehalt an Patient weiter

Selbstfürsorge

- **Gesundheit:**
  - körperliches, geistiges und soziales Wohlbefinden
  - Ebenen beeinflussen sich teilweise gegenseitig
- **Salutogenese:**
  - Gefühl, dass Ereignisse im Leben verstehbar, handhabbar und sinnvoll sind
  - wichtig für Gesundheit und Wohlbefinden

Körperliche Gesundheit

- **Ernährung:**
  - viel Wasser trinken, selten Soft- oder Energydrinks
  - viel pflanzliche Lebensmittel einbauen
  - auch Vollkornprodukte ausprobieren
  - weisses Fleisch bevorzugen
  - Snacks, Junk- und Fastfood: einmal pro Woche am Cheatday erlauben
- **Genussmittel/Sucht:**
  - Rauchen: gar nicht erst damit anfangen, auch Vapen ist nicht harmlos
  - Alkohol: in Massen einmal pro Woche, nur in Gesellschaft trinken, nie alleine
  - Drogen: bestenfalls gar nie damit anfangen, keinen Mischkonsum von Drogen und Alkohol, nur in vertrauter Gesellschaft konsumieren, nie alleine
- **Prävention:**
  - Händewaschen vor dem Essen und beim Nachhausekommen schützt vor Krankheiten
  - Sonnencreme beugt späterem Hautkrebs und frühzeitiger Hautalterung vor

- Verwendung von Kondomen schützt vor ansteckenden Krankheiten und Schwangerschaft
- Impfungen schützen vor einigen gefährlichen Erkrankungen
- **Schlaf:**
  - Idealerweise 7 Stunden Schlaf für ausreichende Regeneration
  - am Wochenende Schlaf nachholen
  - regelmässige Bettgehzeit
  - Blaulichtfilter oder noch besser kein Handygebrauch vor Einschlafen
  - kein Koffein oder Energydrinks vor Einschlafen
- **Sport und Bewegung:**
  - Ausgleich zu Schule und Job
  - Selbstwertgefühl steigt, Körpergefühl verbessert sich
  - Sportart: je nach Interesse und Vorliebe, einige Sachen ausprobieren
  - idealerweise 30 min täglich bewegen
- **Regelmässige Zahnpflege:**
  - unnötige hohe Kosten umgehen
  - weitere Gesundheitsprobleme vermeiden

Mentale Gesundheit

- **Einfluss:** Verhalten anderer Menschen und gewisse Situationen sind nicht beeinflussbar, aber eigene Denkweise und Verhalten kann beeinflusst und verändert werden
- **Leben geniessen:** Arbeit ist wichtig um Geld zu verdienen, aber bewusst Zeit mit geliebten Menschen verbringen ebenso
- **Gesunder Egoismus:** sich selbst an erste Stelle setzen und bei Unwohlsein ohne schlechtes Gewissen «Nein» sagen
- **Fehler sind erlaubt:** Misserfolg als hilfreiche Erfahrung betrachten und nicht als Fail
- **Auf Intuition und Körpersignale hören:** bei Überlastung Pause einlegen, mit vertrauter Person sprechen und eigene Grenzen eingestehen
- **Neugierig bleiben:** gespannt sein, was das Leben zu bieten hat und Verschiedenes ausprobieren

- **Mehr von dem tun, was gut tut:** angenehme Situationen und Menschen aufsuchen
- **Entspannungsmomente** bewusst einplanen und geniessen
- **Loslassen was nicht (mehr) passt:** Blick nach vorne richten, Vergangenheit ruhen lassen
- **Vergleiche mit anderen vermeiden:** persönlichen Weg finden, Lebensweg soll zu Person passen und nicht von aussen aufgedrängt werden

- **Hilfe holen:** Depressionen, Burn-outs und andere psychische Beschwerden sind kein Zeichen von Schwäche, Unterstützung holen durch Vertrauens- oder Fachpersonen zeugt von Stärke

7 PARTNERSCHAFT UND FAMILIE

Beziehung führen

Partnersuche

- **Gelegenheiten schaffen:** nicht krampfhaft suchen, sondern ungezwungen neue Kontakte knüpfen, z.B. über Hobby, Sportverein, Ehrenamt, Hochschule, Arbeitsplatz, Online-Dating
- **Rausgehen:** sich mit Freunden oder Kollegen verabreden und Komfortzone verlassen
- **Alternative Wege:** Datingapps, Singletreffen oder Speeddating ausprobieren
- **Austausch:** mit Eltern und Familienmitgliedern über Erfahrungen sprechen
- **Enttäuschungen:** als weitere Erfahrung für Zukunft betrachten

Romantische Beziehung

- **Selbstliebe:** sich selber gut finden, sich mit Ecken und Kanten akzeptieren und wertschätzen
- **Glück:** nicht von anderen Menschen abhängig, sondern von eigener Einstellung und Gestaltung des Lebens
- **Spass:** gemeinsam lachen erleichtert manches
- **Kommunikation:** lernen, auch über schwierige oder unangenehme Themen offen zu sprechen
- **Vertrauen:** entsteht durch persönliche, tiefe und ehrliche Gespräche
- **Wertschätzung** und respektvoller Umgang auch im Streit
- **Verbindung:** täglich mindestens eine Umarmung und ein Kuss
- **Kleine Aufmerksamkeiten:** kurze Liebesbotschaften, «I miss you»-Nachricht aufs Handy
- **Oma's Weisheit:** nie zerstritten schlafen gehen

Sexuelle Beziehung

- **Unter 16jährige:** Altersunterschied der beiden Personen darf maximal 3 Jahre betragen, sonst macht sich ältere Person strafbar
- **Über 16jährige:** grundsätzlich unabhängig vom Alter, besteht jedoch Abhängigkeitsverhältnis (z.B. Ausbildner und Lernende) ist Sex strafbar

Konflikte lösen

- **Streiten:** entscheidend ist, wie gestritten wird und nicht wie oft
- **Do's:**
  - Respekt: auch während Streit bewahren
  - Bitten: «Ich»-Botschaften statt «Du» Forderungen
  - Zwischen Handlung und Person unterscheiden: nicht persönlich angreifen
  - Emotionale Verbundenheit: auch im Streit aufrechterhalten
  - Kompromisse finden
  - zwischen lösbaren und unlösbaren Konflikten unterscheiden: akzeptieren, dass unlösbare Konflikte dazugehören und angenommen werden müssen, sich auf lösbare Konflikte konzentrieren
  - Zuwenden statt abwenden: ausserhalb des Streits für Freundschaft dankbar sein, Zuneigung und Bewunderung fühlen, Aufmerksamkeit schenken und Leben mit Humor nehmen, erfülltes Sexualleben haben und emotionale Verbindung spüren
  - Lebensentwürfe teilen: Lebensziele des anderen, Ängste, Ziele und Hoffnungen kennenlernen
- **Dont's:**
  - Persönliche Verletzungen: «immer» oder «nie»-Aussagen, verallgemeinernde Vorwürfe ohne konkrete und sachliche Kritik
  - Angriff und Gegenangriff: verbale, respektlose Anschuldigungen und Beleidigungen
  - Verachtung: Ignorieren von Bedürfnissen des anderen, zynische Bemerkungen, Augenrollen oder Auslachen
  - Rückzug: Verweigerung, Weggehen

Gehen oder bleiben

- **Häufige falsche Gründe, um in unglücklicher Beziehung zu bleiben:**
    - gefühlte Verpflichtung
    - getätigte finanzielle oder emotionale Investitionen
    - Angst vor Alleinsein
    - gefürchtete Bewertung durch andere
- **Hinweise auf ungesunde Beziehung:**
    - fehlende emotionale Nähe und fehlender liebevoller Umgang
    - Vermeiden von Körperkontakt
    - häufige negative Interaktionen
    - wenig gemeinsames Lachen
    - fehlende gegenseitige Aufmerksamkeit und Desinteresse
    - ungünstige Streitkultur: abwertende Kritik, sich beschimpfen und verachten, gegenseitiges Beschuldigen, einander ignorieren, fehlender Respekt
    - Untreue, Fremdgehen, verletztes Vertrauen
    - körperliche oder psychische Gewalt
- **Hilfreiche Fragen:**
    - Freude nach Hause zu kommen?
    - Partner/in heute nochmal wählen?
    - Bauchgefühl beim Nachdenken über Zukunft?
    - sich vermehrt zu anderen Menschen hingezogen fühlen, zunehmendes Flirten?
    - Was wird möglich beim Erhalt der Beziehung?
    - Was wird möglich nach einer Trennung?

Konkubinat

- **Lebensgemeinschaft:** ohne rechtlichen Anspruch auf gegenseitige Hilfe oder solidarische Haftung des anderen
- **Name:** Nachname von Partner/Partnerin kann nicht angenommen werden
- **Konkubinatsvertrag:** gegenseitige Rechte und Pflichten regeln

Heiraten

- **Voraussetzungen:**
  - mind. 18 Jahre alt
  - urteilsfähig
  - noch nicht verheiratet oder in eingetragener Partnerschaft lebend
  - bei Ausländern: Einreisevisum für Eheschliessung
- **Heiratswunsch:** Wohngemeinde oder Zivilstandsamt mitteilen und Formular für Anmeldung verlangen
- **Gleichgeschlechtliche Paare:** seit 2022 Heirat in der Schweiz möglich, keine eingetragene Partnerschaft mehr

Zivile oder kirchliche Trauung

- **Nach Anmeldung:**
  - Zivilstandsamt stellt Bewilligung aus
  - 3 Monate lang gültig für die Trauung
- **Trauung:**
  - Durchführung auf Zivilstandsamt der Wohngemeinde oder anderem Schweizer Zivilstandsamt
  - Anwesenheit von zwei volljährigen Trauzeuginnen/ Trauzeugen, die sich mit Ausweis legitimieren müssen, ist Pflicht
  - Kosten ca. 300 – 400 Franken, bei Sonderwünschen mehr
- **Trauungsurkunde:** erhält frisch verheiratetes Ehepaar
- **Auf Wunsch:** anschliessend noch kirchliche Trauung möglich, worüber Religionsgemeinschaft/Kirche Auskunft gibt

Nachname

- **Nachname:**
  - ohne spezifischen Wunsch behalten beide Eheleute ihren Nachnamen
  - gemeinsamer Name: Wunsch nach gemeinsamem Nachnamen muss vorgängig bei Zivilstandsamt gemeldet werden

- **Meldung bei Behörden:** neuer Zivilstand «verheiratet» inkl. Namensänderung muss offiziellen Behörden (Gemeinde, Banken, Versicherungen, Arbeitgeber...) gemeldet werden
- **Ausweise ändern:** ID/Pass, Führerschein, Krankenkassenkarte

Güterstand

- **Güterstand:** regelt, welches Vermögen welchem Ehegatten gehört, wie Schulden des einen Ehegatten verrechnet werden und wie im Falle einer Scheidung das Vermögen aufgeteilt wird
- **Errungenschaftsbeteiligung:** Ehepaare ohne Ehevertrag unterstehen diesem Güterstand, der aus zwei Komponenten besteht:
  - jeder Ehepartner hat <u>Eigengut</u>: Vermögen von vor der Hochzeit, Erbe oder Schenkung während Ehe
  - <u>Errungenschaft</u>: erarbeitetes Vermögen während der Ehe wie z.B. Lohn oder persönliche Gegenstände
  - nach Scheidung: jedem Ehepartner steht Hälfte der Errungenschaft des anderen zu
- **Gütergemeinschaft:** Vermögen und Einkünfte wird zu Gesamtgut zusammengenommen, muss in Ehevertrag festgelegt sein
  - <u>Gesamtgut</u> gehört beiden Ehegatten ungeteilt
  - jeder Ehegatte haftet jedoch mit Eigengut und Gesamtgut für Schulden des anderen
  - bei Scheidung steht jedem die Hälfte des Gesamtgutes zu
- **Gütertrennung:** jeder Ehegatte verwaltet sein Vermögen selber und haftet nur für eigenes Vermögen, muss in Ehevertrag festgelegt sein

Familiengründung

- **Schwangerschaftschancen pro Zyklus nach Alter der Frau:** unter 25-jährige: 25%, 25 – 35-jährige: 15 - 20%, 35 – 40-jährige: 5 - 10%

- **Altersdurchschnitt Familiengründung:** 31,3 Jahre bei Geburt des ersten Kindes (Statista, 2023), 1990 lag Durchschnitt bei 27 Jahren
- **Ungewollte Kinderlosigkeit:** jedes 4. - 5.Paar betroffen
- **Entscheidungshilfen für oder gegen Herausforderung «Kind»:**
  - Stabile Partnerschaft: Bedürfnisse, Ängste und Wünsche offen besprechen und reifer Umgang mit Krisen -> Kind bedeutet grosse Veränderung als Familie aber auch für Paarleben
  - Zeit: ständig voller Terminplan, Drang nach wöchentlichem Ausgang oder zeitintensive Hobbies sind eher suboptimal, Kind fordert Aufmerksamkeit und hält sich nicht an Zeitpläne -> gemeinschaftliche Aufgabe des Paares sich zu organisieren, Unterstützung durch Freunde oder Familie besprechen
  - Berufliche Entwicklung: Karriere und Kinderwunsch sind anspruchsvoll zu vereinbaren, anstehender Karrieresprung oder berufliche Umorientierung kann viele Ressourcen beanspruchen, Stellenwert des Berufes klären -> Bereitschaft mit Kind anfangs auf einiges zu verzichten und Karriere vorerst hinten anzustellen

  - Finanzielle Situation: Budgetaufstellung sinnvoll, Vorstellungen über Rollenteilung oder Fremdbetreuung besprechen, Bereitschaft vorerst auf grössere Anschaffungen oder Reisen zu verzichten -> Kind ist zwar unbezahlbar, kostet aber dennoch monatlich zwischen 400 – 1000 Franken und das über etwa 20 Jahre

Scheidung

- **Voraussetzungen:** auf gemeinsamen Wunsch der Eheleute oder auch gegen Willen eines Partners (nach zwei Jahren getrennt leben)
- **Ablauf:**
  - sind sich beide einig, braucht es keinen Anwalt
  - nötige Dokumente an zuständiges Scheidungsgericht schicken, welches dann Urteil fällt

Tod eines Angehörigen

Vorgehen direkt nach dem Tod

- **Tod zu Hause:** Arzt muss Tod feststellen und Todesbescheinigung ausstellen, telefonische Meldung beim Zivilstandsamt (Wohngemeinde verstorbene Person)
- **Tod im Spital oder Heim:** Todesbescheinigung von Arzt geht direkt an Zivilstandsamt
- **Information:** Freunde und Angehörige, Arbeitgeber, Spitex, Wohnungsvermieter
- **innert 3 Tagen:** Todesbescheinigung, Familienbüchlein und Schriftenempfangsschein des Verstorbenen persönlich bei Zivilstandsamt/Bestattungsamt vorbeibringen, damit Todesurkunde ausgestellt werden kann
- **mit Bestattungsamt** Wunsch der Bestattung (gemäss verstorbener Person) besprechen

Arten der Bestattung

- **90% Kremation (Feuerbestattung/Einäscherung) und 10% Erdbestattung**
- **Urnenbestattung:** diverse Möglichkeiten wie Urnen-Reihengrab, Familienurnengrab oder Urnennischen-Grab auf Friedhof oder Aufbewahrung der Urne zu Hause oder Verstreuen der Asche in Natur
- **Erdbestattung:** Reihengrab (Aufhebung nach spätestens 25 Jahren), Familien-Mietgrab, Grabstein wird erst nach ca. 1 Jahr gesetzt
- **Friedhofzwang:** nur bei Erdbestattung

Trauerfeier

- **Ort:** Kirche, am Grab und anschliessender Abdankung, zu Hause oder in Natur
- **Einladungen:** Trauergäste einladen und auf Karte erwähnen, ob Person zum Leidmahl eingeladen ist
- **Trauerfeier:** Begleitung durch Pfarrer, Priester oder religionsunabhängigen Trauerredner (je nach Wunsch), begleitet mit Musik, Fotos, Blumen, anschliessend Leidmahl im Restaurant für nahe Angehörige

Schritte nach Beerdigung

- **Auflösung Haushalt des/der Verstorbenen:** wichtige Dokumente wie Kontoauszüge, Mietvertrag und Versicherungspolicen heraussuchen
- **Wertsachen-Inventar** erstellen
- Falls vorhanden: **Testament** durch Erbgemeinschaft oder Willensvollstrecker eingeschrieben an kantonale Behörde
- **Wohnung:** kündigen, Kaution zurückverlangen, bei Eigenheim allenfalls Räumung, Verkauf durch Makler organisieren, nach Heimaufenthalt: Räumung, allenfalls Depot zurückverlangen
- **Auto:** Information und Nummernrücksendung an Strassenverkehrsamt, Autoversicherung kündigen
- **Krankenkasse:** offene Arztrechnungen einsenden, Versicherung kündigen
- **Versicherungen:** Lebensversicherer, Pensionskasse informieren, Hausrat-, Haftpflicht-, Rechtsschutz kündigen
- **Verträge kündigen:** Kreditkarte, Lastschriftverfahren bei Bank, TV, Internet, Elektrizität, Telefon/Handy, SBB
- **Bank:** Konto wird auch bei Eheleuten zunächst gesperrt, erst nach Eingang des Erbscheins ist ersichtlich wer Erbberechtigte sind
- **Erbschein:** Todesscheinkopie und Beweis für Erbberechtigung (Zivilstandsregisterauszug) an zuständige Behörde des Wohnorts der/des Verstorbenen, Erhalt nach 6- 12 Wochen
- **Offene Rechnungen:** bezahlen
- **Geplante Termine** des Verstorbenen absagen
- **Mailaccount** löschen lassen
- **Steuererklärung** per Todestag einreichen

Phasen der Trauer

- **Langer, schmerzhafter Prozess** in mehreren Etappen und von individueller Dauer und Intensität
- Schock und nicht wahrhaben wollen, danach folgen **heftige Emotionen** wie Wut, Verzweiflung, Depression und Angst und am Ende schliesslich Akzeptanz und Neuorganisation des Lebens ohne geliebten Menschen

- **Gefühle zulassen** und nicht unterdrücken, Gespräche mit Familie oder Schreiben eines Tagebuchs kann helfen
- **Kraft tanken** durch Spaziergänge in der Natur, während Gartenarbeit, Bergtouren, beim Meditieren oder angenehmen Aktivitäten
- **Erinnerungen bewahren** durch Fotos oder Videos anschauen, Schmuckstück des Verstorbenen bei sich tragen, über Erlebnisse mit der verstorbenen Person sprechen

8 AUTO

Führerschein machen

- **Nothelferkurs:** 10 Lektionen besuchen (gültig für 6 Jahre)
- **Sehtest bei Optiker**
- **Strassenverkehrsamt:**
    - Lernfahrausweis für Kategorie B beantragen
    - theoretische Prüfung mit Multiple Choice absolvieren
- **Nach bestandener Theorieprüfung:**
    - Lernfahrausweis wird zugeschickt (gültig für 2 Jahre, einmalig verlängerbar)
    - Besuch von Fahrstunden wird empfohlen
    - 8 Stunden obligatorischen Verkehrskundeunterricht (VKU) besuchen
- **Praktische Fahrprüfung** absolvieren
- **Nach bestandener praktischer Prüfung:**
    - Fahrausweis für 3 Jahre auf Probe: kein Führerausweisentzug (bei mittlerem oder schwerem Vergehen), Nulltoleranz bei Alkohol
    - innerhalb von 12 Monaten obligatorischen 7-stündigen Weiterausbildungskurs (auch WAB 2.0) für bessere Fahrsicherheit besuchen

Kauf eines Autos

- **Suche:**
    - Online-Portale
    - empfehlenswert sind Occasionen von offizieller Garage/Autohändler
- **Privatkäufe:** risikoreicher, da ohne Garantie und Schäden nicht immer sichtbar
- **Probefahrt:** unbedingt machen
- **Verkaufsverhandlung:** Wann war letzte Motorfahrzeugkontrolle? Wie lange Garantie?

- **Auto einlösen:** Erhalt einer Autonummer und Verkehrszulassung des Autos
- **nötige Dokumente an Strassenverkehrsamt senden:**
  - Versicherungsnachweis Haftpflichtversicherung
  - Kopie ID/Pass
  - Wohnsitzbestätigung Einwohnergemeinde
  - Original-Fahrzeugausweis des bisherigen Halters (bei Occasionsauto)
  - oftmals übernehmen die Garagisten das Einlösen

Elektro oder Benziner

- **Anschaffungspreis:** Elektroautos durchschnittlich noch etwas teurer als Benziner
- **Wartung:** E-Autos benötigen weniger Service, da sie aus weniger Teilen bestehen
- **Umwelt:** E-Autos sind umweltfreundlicher
- **Versicherung:** E-Auto durchschnittlich 20% günstiger
- **Installation:** Ladestation zu Hause für E-Auto, öffentliche Stationen meist teurer
- **Vergleich Kilometerkosten:** berechnet als Total Cost of Ownership (TCO) mit Ankaufs-, Unterhalts- und Betriebskosten über 10 Jahre und 150'000km (Stand 2023, TCS):
  - E-Auto: 79 - 84 Rappen
  - Benziner: 86 - 94 Rappen

Kosten

- **Jährliche Kosten:** Auto in der Schweiz kostet mindestens 10'000 Fr. im Jahr für Unterhalt
- **Auto-Abos:**
  - können sich lohnen, obwohl etwas teurer, dafür planbare Kosten, da Steuern, Versicherungen und Service bereits enthalten, nur Kraftstoff selber zu bezahlen
  - vor allem bei kurzfristiger Verwendung eines Autos über 1 - 2 Jahre

Laufende Kosten

- **Fixkosten:**
  - jährlicher Wertverlust von ungefähr 10% (=Abschreibung)
  - neues Auto verliert in ersten 3 Jahren am meisten Wert

- weitere Kosten: Verkehrssteuer, Autobahnvignette, Parkplatzgebühren, Versicherung und Pflege
- **Betriebskosten:**
  - Treibstoff
  - neue Reifen
  - Wechsel Sommer-/Winterpneus
  - Service und Reparaturen (ungefähr 1000.- pro 10'000km)

Leasing

- **Schuldenfalle:** Leasing kann zu Schulden führen und sollte gut überlegt sein
- **Leasinggeber (z.B. Autogarage)** überlässt dem Leasingnehmer (Kund) Auto zu einem bestimmten Zinssatz
- **Ende der Leasing-Laufzeit:** Auto zurückgeben oder für Restbetrag kaufen
- **Vorzeitige Auflösung des Vertrags:** teilweise hohe Strafgebühren
- **Versicherung:** Vollkasko-Versicherung zwingend, kann teuer sein
- **Keine Steuervorteile:** keine Steuerabzüge der Leasingkosten

Strassenverkehrsabgaben

- **Jährliche Gebühr** der Autobesitzer, Motorradhalter, LKW-, Wohnmobil- und Traktor-Besitzer an Wohnsitzkanton
- **Höhe der Gebühr:** nach Kanton unterschiedlich, abhängig von Hubraum, Steuer-PS, Gewicht oder Leistung
- **Elektroautos:** in einigen Kantonen Rabatt auf Strassenverkehrsabgabe

Versicherung

Haftpflicht

- **Obligatorisch:** Autohaftpflicht ist einzige obligatorische Autoversicherung
- **Deckung:**
  - Beschädigung oder Zerstörung von Gegenständen: Bsp: anderes Fahrzeug

touchiert oder Gartenzaun des Nachbarn gestreift

- Verletzung oder Tötung von Personen oder Tieren: Bsp: Velofahrer angefahren

Teil-/Vollkasko

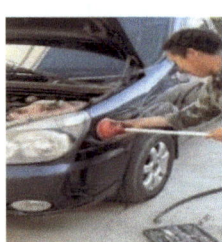

- **Vollkasko: deckt selbstverursachte Schäden**
    - Kollisions-Schäden am eigenen Auto
    - empfehlenswert bei Autos, die weniger als 5 Jahre alt sind oder von Fahranfängern gefahren werden.
    - für Personen, die auf Auto angewiesen sind und Unfallschaden nicht selber bezahlen möchten
    - Pflicht für geleaste Autos
- **Teilkasko: deckt von anderen verursachte Schäden**
    - Schäden am eigenen Auto durch Hagel, Feuer, Tierkollision oder Diebstahl
    - meist ausreichend für Autos, die älter als 5 Jahre alt sind
    - bei regelmässigen Kollisionsschäden kann es sinnvoll sein, Vollkasko noch länger zu behalten
    - über 7 Jahre alte Autos: allenfalls nur noch Haftpflichtversicherung

Bonus-Malus-System

- **Prämie der Autoversicherung: besteht aus Grundprämie und Bonusstufe**
    - Grundprämie: konstant, abhängig von Fahrzeugtyp und Nutzung
    - Bonusstufe: variabel, je nach Lenker/Halter (z.B. Alter, frühere Schäden, Fahrpraxis)
- **Bei Schaden:** Verursacher wird z.B. 4 Stufen hochgestuft (Malus) und Prämie steigt
- **Schadenfreie Fahrt:** nach 1 Jahr sinkt Stufe (Bonus, max. 30% der Grundprämie)
- **Bonusschutz:** verhindert höhere Prämie (Malus) nach Schaden
- **Junglenker:** unter 25 Jahre alt oder weniger als 2 Jahre Fahrpraxis, höhere Prämienstufe (doppelte oder dreifache Prämie eines erfahrenen Lenkers)

Wechsel

- **Papierkram:** läuft oft direkt über Garage

- **Original-Fahrzeugausweis:** von eingelöstem (altem) Fahrzeug zur Annullation und Original-Fahrzeugausweis des einzulösenden (neuen) Fahrzeugs an kantonales Strassenverkehrsamt senden
- **Erstmaliges Einlösen von Fahrzeug:** Kopie Wohnsitzbestätigung, Führerausweis und ID oder Ausländerausweis
- **Vor Wechsel:** Versicherung kontaktieren und bereits bezahlte Prämien werden zurückerstattet
- **Autonummer** wird auch bei neuem Auto behalten

Unterhalt/Service

- **Kosten:** Service und Reparaturen pro 10'000km grob geschätzt 600 bis 1000.-
- **Einschränkungen:** einige Versicherungen schränken Wahl der Servicegarage ein
- **Reifenwechsel Winter-/Sommerpneu:** Merksatz: „O bis O" (Oktober bis Ostern)
- **Motorfahrzeugkontrolle:** Prüfung beurteilt, ob Auto gesetzliche Vorschriften der Betriebssicherheit erfüllt
  - Schriftliches Aufgebot durch Strassenverkehrsamt
  - Zeitpunkt: 5 Jahre nach erster Inverkehrssetzung, dann nach 3 Jahren, anschliessend alle 2 Jahre
  - Auto technisch einwandfrei und sauber (inkl. Motorwäsche), nötige Reparaturen vorher ausgeführt
  - Garagen bieten oft einen MFK-Check inkl. Vorführen an
  - Getunte Fahrzeuge benötigen Eintrag im Fahrzeugausweis

9 RECHTE UND PFLICHTEN

Rechte ab 16 Jahren

- **Religion:** freie Entscheidung über Religionszugehörigkeit
- **Sexuelle Volljährigkeit:** sexuelle Beziehungen zu Menschen jeglichen Alters erlaubt, solange kein Abhängigkeitsverhältnis besteht

Rechte ab 18 Jahren

- **Unterschrift ist rechtsgültig:** sämtliche Verträge können unterschrieben werden
- **Schweizer erhalten Stimm- und Wahlrecht:** Abstimmungscouvert wird nach Hause geschickt, händisch ausgefüllte Stimm-/Wahlzettel und unterschriebener Stimmrechtsausweis per Post retournieren oder persönlich in Urne werfen, teilweise E-Voting
  - Volksabstimmung: national oder kantonal möglich, ermöglicht Volk aktiv über politische Entscheide mitzubestimmen (direkte Demokratie), Volksinitiative für Vorschlag einer Verfassungsänderung benötigt 100'000 Unterschriften, Referendum gegen ein vom Parlament neu verabschiedetes Gesetz benötigt 50'000 Unterschriften
  - Parlamentswahlen: alle 4 Jahre, Vertreter für National- und Ständerat des Wohnkantons wählen, National- und Ständerat (Bundesversammlung) wählt Bundesrat
  - Nationalratswahlen (Vertretung Volk): vorgedruckte Listen der Parteien mit vorausgefüllten Mitgliedern und eine leere Liste zum selber ausfüllen, Parteiangehörige mit meisten Stimmen kommen in Nationalrat
    - kumulieren: Abändern einer vorgedruckten Parteiliste:: beliebig viele Namen durchstreichen = zählt als Listenstimme für Partei, gestrichenen Namen durch

anderen Namen derselben Liste ersetzen = Kandidat erhält 2 Stimmen (max. 2 möglich)

- panaschieren: gestrichener Name durch Parteimitglied anderer Partei ersetzen = Kandidat und andere Partei erhalten je eine Stimme

- • Ständeratswahlen (Vertretung Kantone): zwei Personen aus Liste wählen (keine Doppelnennung erlaubt)
- ▪ **Heiraten ist möglich**
- ▪ **Post:** wird an Erwachsenen adressiert
- ▪ **Alkoholische Getränke** über 15 Vol.% sind erlaubt
- ▪ **Ausnahme: Personen unter Beistandschaft**
    - • Beistandschaft: behördlich angeordnete rechtliche Vertretung einer urteilsunfähigen und somit handlungsunfähigen volljährigen Person durch einen Beistand
    - • je nach Hilfsbedürftigkeit verschiedene Stufen: von unterstützender Vertretung bis zu vollständiger Vertretung in sämtlichen Angelegenheiten

Pflichten mit 18 Jahren

- ▪ **Steuerpflicht:** Ausfüllen der Steuererklärung auch bei noch fehlendem Einkommen
- ▪ **Wehrpflicht (Militärpflicht):**
    - • Schweizer Männer erhalten mit 18 Jahren Aufgebot für obligatorischen Orientierungstag zwecks Informationen über Armee, Rekrutierung und Zivildienst
    - • freiwillige Teilnahme für Frauen
    - • Rekrutierung: Prüfung von Talenten, Interessen und Fähigkeiten in mehrtägigen Verfahren und Tests
    - • 3 – 12 Monate später folgt Rekrutenschule anhand der Einteilung
    - • reguläre Rekrutenschule (RS) dauert 18 Wochen
    - • Zivildienst: Ersatzdienst für Militärdiensttaugliche, kann nicht selber als Alternative gewählt werden

- <u>Erwerbsausfallentschädigung</u>: Personen im Militär-, Zivilschutz oder Zivildienst haben Anspruch auf Erwerbsersatz (EO), üblicherweise 80% des vordienstlichen Einkommens
- <u>Militärdienstuntauglichkeit</u>: medizinische oder psychische Gründe können Personen vom Militärdienst ausschliessen, dann jedoch Zahlung jährlicher Wehrpflichtersatzabgabe bis 37. Altersjahr
- <u>Wiederholungskurse (WK)</u>: nach RS während Dienstzeit noch sechs WK's zu 19 Tagen

10 FREIZEIT

Ferien

Vorbereitung

- **Pauschalreisen:** Buchung mit Flug und Hotel über diverse Online-Portale oder im Reisebüro
- **Bessere Preise:** Cache des Browsers löschen und über ausländisches VPN auf Reise-Plattformen zugreifen
- **Reiserücktrittversicherung oder Gepäckversicherung** teilweise bei Kreditkartenanbietern inbegriffen, wenn Reise mit Karte bezahlt wird
- **Frühzeitige Planung:** Frühbucherrabatte
- **Flexibilität:** Last-Minute-Angebote, ausserhalb der Hochsaison
- **Ferien-Kässeli:** Reisegeld sparen durch regelmässiges Beiseite legen von kleineren Beträgen
- **über Zielland informieren:** lokale Gesetze und Bräuche, Taschendiebstähle und Kriminalität, Trinkgeld, Währung, Visum, empfohlene Impfungen
- **Packliste klassisch oder mit App:** Kleidung, Toilettenartikel, Reisedokumente, Pass/ID, Versicherungskarte, Medikamente, ev. Visum
- **Krankenkassenkarte** sollte mitgeführt werden, damit Notfallbehandlungen im Ausland bis zu gewissem Teil bezahlt werden

Check-In Flug

- **Check-In:** am Flughafen am Airline-Schalter (spätestens 2 Stunden vor Abflug) oder ab 24 Stunden vor Abflug online
- **benötigte Dokumente:** je nach Zielort Pass oder ID, Buchungsnummer auf der Bestätigung

- **Aufzugebendes Gepäck:** online, am Airline-Schalter oder Self-Bag-Drop-Automaten am Flughafen
- **Handgepäck:** Maximalmasse des Gepäckstücks beachten, Laptops, Tablets, Powerbanks nur im Handgepäck, Flüssigkeiten in Behältern (max. 100ml) in transparenten Beuteln von maximal 1 Liter Inhalt verpacken
- **Aufgabegepäck:** Maximalgewicht beachten, Überschreitung bedeutet hohe Mehrkosten

- **nach Checkin und Erhalten der Bordkarten weiter zum Security-Check:** elektronische Geräte, Gürtel, Uhren, Jacke in Wanne auf Förderband legen, dann durch Sicherheitsscanner oder manuelle Kontrolle durch Sicherheitspersonal
- **nach Securitycheck weiter zum Gate:** Gate-Nummer wird einige Zeit vor Boarding auf Hinweistafeln angezeigt
- **Boarding:** Einsteigen in das Flugzeug, Pass/ID und Bordkarte zeigen

Check-In Hotel

- **Check-In Zeiten** des Hotels beachten
- **an Reception:** Pass/ID und Buchungsbestätigung vorlegen
- **Informationen:** am Hotelempfang nach Ausflugstipps fragen
- **Zugang zu Zimmer:** Erhalt Zimmerschlüssel oder Zimmerkarte teilweise auch über Automaten

Auto mieten im Ausland

- **Mindestalter** häufig bei 21 Jahren und Besitz Führerschein seit 1 – 3 Jahren
- **Preisvergleich** verschiedener Angebote und dabei auf Leistungen achten
- **Versicherungsschutz** ist wichtig (Haftpflicht zwingend und Vollkasko empfohlen), da private Autoversicherung oder Fremdlenkerversicherung nicht gilt
- **Fotos vom Zustand** des Autos bei Übernahme

Hobbies

Interessen erkunden

- **Austesten:** je nach Interessen und Vorlieben verschiedene Sachen ausprobieren
- **Sozialer Aspekt:** alleine, zu zweit oder in Gruppe?
- **Regelmässig Zeit** für Freizeit einplanen

Freizeitideen

- **Sportaktivitäten:** Spazieren, Wandern, Joggen, Schwimmen, Velo fahren, Tennis, Tanzen, Pilates, Fitnesstraining, Fussball, Basketball, Leichtathletik, Bowling, Minigolf, Battlepark
- **Entspannung:** Spa- oder Thermalbadbesuch, Meditation, Massage, Yoga, Lesen
- **Kulturelle und musikalische Ausflüge:** Museen, Theater, Kinobesuch, Escape Room, Konzert- oder Festivalbesuch, Club- oder Barbesuch, Instrument spielen, Musik in Band spielen
- **Natur und Outdoor:** Picknick am Waldrand, Wandern, Kletterpark, Gummiboottour, Campieren
- **Tiere:** Zoobesuch, Tierpark, Haustier pflegen, Hunde spazieren führen, reiten
- **Gemeinschaftliche Aktivitäten mit Familie oder Freunden:** Spieleabend, Grillparty, Filmabend
- **Kulinarische Erlebnisse:** gemeinsam Kochen, Restaurant- oder Cafébesuch, Cocktailparty
- **Lernen:** Weiterbildung durch Kurse oder Workshops zu verschiedenen Themen, neue Sprache lernen, Bibliotheksbesuch
- **Kreativität:** Malen, Zeichnen, Schreiben, Musik hören oder Instrument spielen
- **DIY-Projekte:** Zimmer renovieren, Wand streichen, Möbelbau, Gartenarbeit, handwerkliche Arbeit
- **Online-Welt:** Gaming, Streaming, Podcasts hören, Social Media, Online-Kurse, VR-Center

QUELLEN

- **Wohnen:**
  - https://www.mieterverband.ch/mv/mietrecht-beratung/ratgeber-mietrecht/top-themen.html
  - https://www.homegate.ch/c/de/ratgeber/mieten/mietrecht/hausordnung-von-waschverboten-bis-zu-lauter-musik
  - https://www.abfall.ch/recyclingmap/map
  - www.ch.ch
  - https://www.mieterverband.ch
- **Karriere:**
  - https://www.berufsberatung.ch/dyn/show/2800
  - https://www.arbeit.swiss/secoalv/de/home.html
  - https://joblex.ch/regeln-curriculum-cv-lebenslauf
  - https://www.jobs.ch/de/job-coach/ratgeber-checklisten/bewerbungsschreiben-aufbau-und-beispiele/
- **Geld und Finanzen:**
  - https://www.beobachter.ch/geld/finanzplanung-das-gehort-ein-budget
  - https://www.jugendbudget.ch/de/was-ist-ein-budget/
  - https://www.steuern-easy.ch/de/wissen/die-verschiedenen-steuerarten/steuern-die-der-bund-erhebt
  - https://www.ch.ch/de/steuern-und-finanzen/schulden--betreibungen-und-konkurs/betreibungen/
  - https://inyova.ch/expertise/geld-sparen-in-der-schweiz/
  - https://findependent.ch/geld-anlegen-schweiz/
  - https://www.postfinance.ch/de/privat/beduerfnisse/anlagewissen/geld-anlegen-wie-funktioniert-das.html
  - https://de.wikipedia.org/wiki/72er-Regel
- **Versicherungen:**
  - www.ch.ch

- https://www.vermoegenszentrum.ch/wissen/erbrecht-schweiz-das-wichtigste-auf-einen-blick#f
- https://www.comparis.ch/lebensversicherung/modelle/was-ist-eine-lebensversicherung

- **Sozialversicherungen:**
  - https://www.ahv-iv.ch/de/Sozialversicherungen
  - https://www.bsv.admin.ch/bsv/de/home/sozialversicherungen/ueberblick.html
  - https://de.wikipedia.org/wiki/Sozialversicherungen_(Schweiz)

- **Gesundheit:**
  - https://liebevoll-verstehen.de/15-dinge-dich-ich-gerne-frueher-gewusst-haette/

- **Partnerschaft und Familie:**
  - https://www.focus.de/familie/experten/kinderwunsch-wann-ist-der-richtige-zeitpunkt-fuer-ein-baby_id_7944893.html
  - https://de.statista.com/statistik/daten/studie/411905/umfrage/durchschnittsalter-der-mutter-bei-der-geburt-in-der-schweiz/
  - https://www.bfs.admin.ch/bfs/de/home/statistiken/bevoelkerung/geburten-todesfaelle/fruchtbarkeit.html
  - https://onlinescheidung.ch/?gad=1&gclid=EAIaIQobChMI8s2qt9yqgQMV-jgGAB3ktAwtEAAYAiAAEgJhzfD_BwE
  - https://www.trauerportal.ch/de/todesfall-was-tun/in-den-ersten-72h
  - https://gentleman-blog.de/streit-in-der-beziehung-konflikte-loesen-tipps/
  - https://wp.vbg.net/geheimnisse-der-ehe/

- **Auto:**
  - https://www.allianz.ch/de/privatkunden/ratgeber/mobilitaet/unterhaltskosten-auto.html
  - https://www.comparis.ch/carfinder/autofahren/motorfahrzeugsteuer
  - https://www.tcs.ch/de/testberichte-ratgeber/ratgeber/versicherungen/auto/haftpflicht-kasko.php
  - https://www.tcs.ch/de/kurse-fahrzeugchecks/fahrzeugkontrollen/motorfahrzeugkontrolle-mfk.php
  - https://www.tcs.ch/de/testberichte-ratgeber/ratgeber/elektromobilitaet/

kosten-elektroauto.php
  - https://auto-wirtschaft.ch/news/8484-so-unterschiedlich-sind-die-motorfahrzeugsteuern-in-der-schweiz
- **Rechte und Pflichten:**
  - https://www.tschau.ch/rechte-pflichten/
  - https://www.tschau.ch/beziehung/sexualitaet/schutzalter/
  - https://www.vtg.admin.ch/de/mein-militaerdienst/allgemeines-zum-militaerdienst/dienstpflicht.html
  - https://kesb-wa.ch/haeufige-fragen/#accordion-16961623181062878126-229
  - https://www.easyvote.ch/
  - https://www.beobachter.ch/politik/alles-ubers-wahlen-einfach-erklart-265045#Bundesrat
  - https://www.eda.admin.ch/aboutswitzerland/de/home/politik-geschichte/politisches-system/direkte-demokratie.html
- **Freizeit:**
  - https://www.ausflugsziele.ch
  - https://hobbys-finden.de/hobbys-von-a-z-die-detaillierte-hobby-liste/
- **Cover, Bilder und Icons:**
  - Buchover: teilweise KI-generiert mithilfe von Dall-E/Chat-GPT
  - Bilder: KI-generiert mithilfe von Playground v2 und Dall-E/Chat-GPT
  - Symbole: erstellt von Freepik von www.freepik.com